Sicher ist sicher. Bei aller Sorgfalt, die wir bei der Recherche haben walten lassen, können sich Öffnungszeiten auch einmal kurzfristig ändern, oder ein Lokal ist gerade an Ihrem perfekten Dubai-Wochenende ausgebucht oder geschlossen. Darum empfehlen wir, grundsätzlich möglichst weit im Voraus zu reservieren. Ein kurzer Anruf genügt, und Sie können sicher sein, zur vereinbarten Zeit einen Platz zu finden.

Reihe „Ein perfektes Wochenende in ...“

Idee und Konzept: Nicola Bramigk, Nancy Bachmann
Texte: Nicola Bramigk
Fotos: Markus Jans, Nicola Bramigk, Fotos S. 12, 14, 15: Southern Sun

Umschlaggestaltung: Rahel Streiff
Art Direktion und Illustration: Rahel Streiff
Redaktion: Nicola Bramigk, Sabine Danek
Lektorat: Gesina Happe

Projektleitung: Sabine Sternagel
Produktion: Matthias Worsch
Herstellung: H. Weixler, T. Neseker
Druck und Bindung: Kessler Druck + Medien, Bobingen

Printed in Germany
1. Auflage 2010

ISBN: 978-3-86615-769-9

SMART
TRAVELLING

EIN PERFEKTES WOCHENENDE IN ...
DUBAI

www.smart-travelling.net

LIEBLINGSADRESSEN IN DUBAI

Hotel: Al Manzil
Burj Dubai Boulevard, The Old Town
Tel: 00971 (0)4 4285888
Seite 8

Hotel: Orient Guest House
Al Fahidi Street, Dubai – Bastakiya
Tel: 00971 (0)4 3519111
Seite 18

Hotel: Al Maha Desert Resort
1 Stunde Fahrt vom Zentrum
Tel: 00971 (0)4 3034222
Seite 26

Restaurant: Khan Murjan
Wafi Oud Metha im Souterrain-Bazar
Tel: 00971 (0)4 3279795
Seite 36

Restaurant: Flooka
Dubai – Jumeirah
Tel: 00971 (0)4 3461111
Seite 42

Restaurant: Zheng He's
Mina A'Salam, Al Sufouh Road
Madinat Jumeirah
Tel: 00971 (0)4 3668888
Seite 50

☞ Weitere Adressen finden Sie unter www.smart-travelling.net

Restaurant: Al Mallah
Al Diyafah Street
Tel: 00971 (0)4 3984723
Seite 58

Café: XVA Gallery
Al Fahidi Roundabout
Tel: 00971 (0)4 3535383
Seite 64

Bar: Bahri Bar
Mina A'Salam, Al Sufouh Road
Madinat Jumeirah
Tel: 00971 (0)4 3668888
Seite 74

Shop: Spice Souk
Zwischen Al Nasr Square und dem Creek in Deira
Seite 80

Gut zu wissen
Tipps, Ausflüge, Spaziergänge
Seite 89

STADT DER SUPERLATIVE

Die Vision von Scheich Mohammed bin Raschid Al Maktoum, der Welt zu beweisen, was ein kleiner Wüstenstaat alles kann, ist in nur wenigen Jahren wahr geworden. Mit Entertainment auf höchstem Niveau katapultierte sich Dubai in eine Spitzenposition auf der Liste der beliebtesten Destinationen für Touristen. Springbrunnen, die nach klassischer Musik tanzen, Skipisten bei 40 Grad Außentemperatur, das artenreichste Aquarium, Tennisturniere auf dem Helikopterlandeplatz des Burj al Arab, des höchsten Turms der Welt, und Shopping Malls mit über 2000 Geschäften – das schafft auch Las Vegas nicht. Viele Reisende zieht es deshalb zumindest einmal nach Dubai, denn das möchte man mit eigenen Augen sehen.

Doch wie fühlt sich eine Stadt wie Dubai nach der Wirtschaftskrise an? Wenn sich bei so manchem der Gedanke eingeschlichen hat, dass sich unsere Gesellschaft, getrieben von der rastlosen Suche nach dem Schneller, Weiter und Höher, nicht mehr wirklich richtig anfühlt – und Zweifel aufkommen.

Geht es Ihnen so, sollten Sie sich gerade dann eine Stadt wie Dubai genau anschauen. Noch einmal einen großen Atemzug der Superlative inhalieren, damit Sie wissen, wo Sie stehen und wie Sie mit dem Wachstum in unserer Welt umgehen möchten.

Dubai ist und bleibt eine Grenzerfahrung. Am besten, Sie erkunden am ersten Tag an den Ufern des Creeks die Geburtsstätte der Stadt, in der sich einst Perlenfischer ansiedelten, um sich dann, Viertel für Viertel, das moderne Dubai zu erobern, welches in so kurzer Zeit entstanden ist.

Al Manzil

Al Manzil
HOTEL

AL MANZIL

Das Al Manzil ist in vieler Hinsicht eine gute Wahl für Gäste, die einen aufmerksamen Service besonders schätzen. Emotionale Intelligenz ist das Herzensthema des Hoteldirektors John de Cahana und das Kriterium, nach dem er das internationale Serviceteam zusammenstellt. Es funktioniert, alle fühlen sich gut aufgehoben. Am zweiten Morgen weiß der sympathische Service noch, was ich gestern bestellt habe und fragt souverän, ob es auch heute wieder ein Cappuccino sein soll. Das Frühstück hat Klasse. Gesundheitsfreaks können sich frisch gepresste Säfte aus Apfel, Karotte, Ingwer und einem Schuss Öl an der Juice Bar bestellen. Ja, sogar dunkles Schwarzbrot und Klassiker wie „French Toast" fehlen nicht.
Ein weiterer Vorteil ist die Lage in dem brandneuen Old-Town-Viertel. Geradezu einmalig für Dubai ist, dass Sie dort alles zu Fuß erreichen können. Vor Kurzem noch Wüste, stehen in der „Old Town" heute Wohnhäuser und Hotels in nostalgischer Anlehnung an die arabische Architektur. Die Dubai Mall mit seinen 2500 Geschäften ist nahe gelegen, das größte Aquarium der Stadt und der 2010 eröffnete Dubai Tower, mit 818 m Höhe das höchste Gebäude der Welt. Im Herzen der Old Town wiegen sich abends Wasserfontänen einer gigantischen Springbrunnenanlage im 20-Minuten-Takt nach klassischer Musik.
Das Hotel ist modern eingerichtet, in einer Mischung aus arabischem Ethnostil und der Klasse internationaler Boutique-Hotels samt Innenhof, in dem man mit Schischa und Snacks den Abend ausklingen lässt.

Al Manzil Adresse: Burj Dubai Boulevard, The Old Town, Downtown Burj Dubai
Tel: 00971 (0)4 4285888 Email: reservationsalmanzil@southernsun.ae
Internet: www.almanzilhotel.com Preise: DZ ab 165 Euro bei booking.com

☞ Hotel Qamardeen

Das Qamardeen ist das Schwesterhotel – nur wenige Meter entfernt – und eine weitere Topadresse in der Old Town. Der Service agiert genauso aufmerksam und fit wie im Al Manzil. Das Interieur ist etwas cooler, aber immer noch eine angenehme Mischung aus Design- und Boutique-Hotel mit modern-orientalischen Elementen wie wunderschönen Lampen aus arabischer Spitze. Die Badewannen und Waschbecken auf den Zimmern sind verglast, was in einem arabischen Land erstaunlich modern wirkt. Eine Alternative zum Al Manzil, die etwas günstiger und auf keinen Fall schlechter ist.

Adresse: Burj Dubai Boulevard, The Old Town, Business Bay
Tel: 00971 (0)4 4286888, Email: reservationsqamardeen@southernsun.ae
Internet: www.southernsunme.com, Preise: DZ ab 145 Euro (Standard 240 Euro)

☞ Mango Tree

Lassen Sie sich von der Concierge auf der Terrasse des thailändischen Restaurants Mango Tree einen Tisch in der ersten Reihe reservieren. Von dort aus haben Sie den optimalen Blick auf das Springbrunnen-Spektakel, das Dubais Sehnsucht nach der Superlative nicht schöner darstellen könnte. Dem Dubai Tower können Sie von dort aus ebenfalls nahe sein – und das ist alles in allem ein Szenario, das Sie nicht verpassen sollten, um Dubai zu verstehen.
Eine Alternative ist das Baker und Spice direkt nebenan, ein empfehlenswertes, mediterranes Restaurantkonzept aus London.
Das Mango Tree hat seinen Hauptsitz in Bangkok, besitzt Filialen in den wichtigsten Metropolen der Welt und ist für seine gehobene, fein gewürzte Thai-Küche bekannt. Daher ist es nicht leicht, am Abend einen Tisch zu bekommen, auch, weil die Terrasse den meisten Stil und den besten Blick auf den Dubai Tower bietet. Abends trifft sich die gehobene Fashionszene Dubais bei Fischcurry und Papayasalat. Die Preise liegen im mittleren Segment.

Adresse: Souk Al Bahar, Old Town Burj Dubai
Tel: 00971 (0)4 4267313, Internet: www.exquisinethai.com/mango-tree-dubai/
Öffnungszeiten: Täglich 12.30 – 24.00 Uhr

RECEPTION
PARIS
GUEST
HOUSE
2 PM
12 NOON
RECEPTION
24 HOURS
BUTLER SERVICE
24 HOURS

ORIENT GUEST HOUSE

Die zweistöckigen Wohnhäuser des Orient Guest House verstecken sich hinter hohen Mauern in dem alten Bastakiya-Viertel und sind allen wärmstens zu empfehlen, die sich in den anonymen modernen Hotels nicht zu Hause fühlen. Das Viertel, in dem einst die iranischen Handelsfamilien wohnten, fühlt sich heute wie eine Oase im Großstadtdschungel Dubai an.
Einige Zimmer des Orient Guest House sind um den zauberhaften Hof verteilt, weitere befinden sich auf dem Dachgeschoss, haben zusätzliche Fenster und sind in schönstes Licht getaucht. Ausgestattet mit alten Möbeln, sind einige der Zimmer sehr gemütlich, andere nicht ganz so stimmig.
Herzstück und Treffpunkt aber ist der Hof, in dem man frühstückt oder sich mit dem Laptop oder einem Buch zurückziehen kann.
Die Lage unweit des Flusses Creek und dem Dubai Museum ist unschlagbar, besonders für diejenigen, die das alte Dubai und seine Geschichte entdecken möchten. Die Perle gehört übrigens zum Arabian Courtyard Hotel, das nur ein paar Meter entfernt ist und alle Gäste willkommen heißt, die Annehmlichkeiten wie den 24-Stunden-Service und den Pool- und Wellness-Bereich zu nutzen.

Orient Guest House Adresse: Al Fahidi Street, Dubai – Bastakiya
Tel: 00971 (0)4 3519111 Email: info@orientguesthouse.com
Internet: www.orientguesthouse.com Preise: DZ 120/140 Euro

ARABIC SWEETS

PASTRIES
COLD MILK
ORANGE JUICE
MANGO JUICE
TEA

☞ Bayt Al Wakeel

Das Treiben auf den Wellen des Creeks lässt sich am schönsten bei einer frischen Minze-Zitronen-Limonade auf der Terrasse des Bayt Al Wakeel beobachten. Das Restaurant ist eine Institution in Dubai. Es wird von Einheimischen, aber noch mehr von Touristen besucht, da die Holzterrasse, die direkt über das Wasser ragt, einzigartig ist. Die Küche bietet arabische Klassiker mit gegrilltem Fleisch und Fisch sowie Salate und eine kleine Auswahl an Meze (Vorspeisen). Doch wegen der Küche kommt man nicht hierher. Deshalb empfehlen wir anspruchsvollen Gourmets, sich auf die frische selbst gemachte Limonade oder ein paar Vorspeisen zu beschränken – und auf den wunderbaren Blick.

Adresse: Souk Al Kabeer am Creek neben der Bank Baroda, Burj Dubai
Tel: 00971 (0)4 3530530, Öffnungszeiten: Täglich 12.00 – 24.00 Uhr

Al Maha
DESERT RESORT & SPA

AL MAHA DESERT RESORT

Die schönste Art, einen Stopover in Dubai zu verbringen, ist ein Besuch im Al Maha Desert Resort. Nirgendwo sonst in Dubai finden Sie diesen Einklang aus Natur und individuellem Wohnen, der das Resort so einzigartig macht. Alle 42 Bungalows, die an Beduinenzelte erinnern, ruhen großzügig verteilt in einem weitläufigen Naturschutzpark, blicken über die Ausläufer der Wüste und bieten jeden erdenklichen Komfort, einen eigenen Pool inklusive.

Morgenstund hat besonders in der Wüste Gold im Mund. Am besten früh raus aus dem Bett, und während die Sonne am Horizont aufgeht, auf der Terrassenliege noch ein wenig dösen. Die Morgenstunden sind in der Wüste so einmalig wie kostbar. Danach geht es mit Ihrem persönlichen Ranger auf Safari. Noch vor dem Frühstück starten die Jungs mit ihren Jeeps an Kamelkarawanen vorbei in bis zu 150 Meter hohe Sanddünen. Die Tour ist einmalig und ein absolutes Muss, um die Faszination Wüste zu erleben.

Schaut man anschließend in der Mittagshitze vom Pool aus in die weite Senke, erscheinen Dubais Skyscraper wie eine Fata Morgana und sind doch nur 40 Minuten mit dem Auto entfernt! Wenn es zum Sonnenuntergang kühler wird, können Sie zwischen einer kleinen Kameltour oder einer Falkenshow wählen. Touristisch-romantischen Einlagen kann man dabei nicht entrinnen, das unvergessliche Erlebnis können sie aber nicht schmälern.

Al Maha Desert Resort Tel: 00971 (0)4 3034222 Transport: Taxi ca. 30 Euro
Email: almaha@emirates.com Internet: www.emirateshotelsresorts.com
Preise: DZ in der Beduinensuite 185 bis max. 434 Euro inkl. Frühstück, Mittagsbuffet und Abendessen, ohne Alkohol und Spa

☞ Candle-Light-Dinner wie Lawrence von Arabien

Lassen Sie sich das arabische Menü auf der eigenen Terrasse servieren. Es ist herrlich romantisch und nirgendwo so köstlich wie unter einem Himmel voller Sterne – bei sich sein in der Stille und gestreichelt vom warmen Wind.

JORG

Ein Gespräch mit Jorg

Chefranger des Al Maha Desert Resort

Was empfehlen Sie Gästen, die nur einen Tag Zeit haben?

Bei Sonnenaufgang einen Spaziergang durch die Wüste zu machen ist wirklich stimmungsvoll. Doch wer nur einen Tag Zeit hat, dem würde ich auf jeden Fall die Wüstenjeeptour empfehlen.

Kann man dort nur in der Gruppe fahren, oder gibt es auch Einzeltouren mit dem Jeep?

Nein, Einzeltouren sind nicht möglich, weil die Dünen ständig in Bewegung sind. Da kann es schnell vorkommen, dass man stecken bleibt und auf Hilfe angewiesen ist. Einfach jemanden anrufen, der einen herauszieht, funktioniert in dieser Weite nicht, denn ich kann ja schlecht sagen, „ich stehe hier an der 32. Düne von links".

Wie sieht es bei den Kameltouren aus? Kann man eine private buchen?

Das ist durchaus möglich, man muss diesen Wunsch allerdings schon bei der Buchung äußern. Wir versuchen dann, es zu organisieren. Aber garantieren können wir es leider nicht.

Was wir uns gefragt haben: Warum ist um das Hotel herum so viel mehr natürliche Vegetation? Es sieht weniger nach dem klassischen Bild der Wüste aus.

Ohne Kamele wäre auch die Wüste viel grüner, denn sie fressen die Vegetation. An das Hotel aber kommen sie nicht so nah heran, und das ist unser Glück.

Gibt es denn noch so viele Kamele in Dubai?

Allerdings. Ganze zehn Millionen laufen hier herum, das heißt zweimal so viel wie Einwohner.

KHAN MURJAN

Köfte sind würzige Hackfleischspieße und kommen aus dem Libanon, der Türkei oder aus Persien. Aber wo liegen die Unterschiede? Wer Lust hat, die Geheimnisse der feinen Küche des Mittleren Ostens einem persönlichen Vergleich zu unterziehen und sie dabei zu lüften, der hat in dem lichtdurchfluteten Khan Murjan eine einmalige Gelegenheit.
Am Lehmofen dampfen Fladenbrote, bereit, in eine der vielen köstlichen Vorspeisen getunkt zu werden. Zum Beispiel in Baba Ghanouj, eine Creme aus Aubergine, Granatapfel, Zitrone und Minze, die in den arabischen Emiraten zu Hause ist und eine unerwartete Offenbarung. Man isst sie auch zu marokkanischer Tagine aus zartem Lammfleisch mit Pflaumen und Mandeln. Das Hummus, pürierte Kichererbsen, ist in fast allen arabischen Ländern Standard, aber bei Khan Murjan ist es so fein und frisch wie selten. Vorspeisen, Grillspieße, Tagine und Desserts werden offen präsentiert, ihr Setting erinnert an eine Art arabisches Edel-Mövenpick und erleichtert die Qual der Wahl. Das Khan Murjan ist besonders beliebt bei Paaren der beiden Herrscherfamilien, da im Keller der Wafi Shopping Mall ein Souk angeschlossen ist, der eine große Auswahl an feinster traditioneller Kleidung bietet.

Khan Murjan Adresse: Wafi Oud Metha im Souterrain-Bazar
Tel: 00971 (0)4 3279795 Email: murjan.restaurant@wafi.com
Öffnungszeiten: Samstag – Mittwoch 10.00 – 22.00 Uhr,
Donnerstag und Freitag 10.00 – 24.00 Uhr

Hummus

1 Portion

Das Glas oder die Dose mit Kichererbsen abgießen und in den Mixertopf geben. Knoblauch mit etwas Salz im Mörser quetschen und mit dem Tahinimus, dem Joghurt, den Minzblättern und dem Zitronensaft zu den Kichererbsen geben und 2 Minuten lang mixen. Wenn das Hummus zu fest sein sollte, 1–2 Esslöffel kaltes Wasser zugeben. Am Ende je nach Geschmack mit Salz, mehr Zitronensaft oder Knoblauch abschmecken.

1 Dose oder ein Glas Kichererbsen
4 EL Tahini-Sesampaste
2 EL Joghurt, 10%
2 Zweige Minzblätter
Saft einer großen Zitrone
1 Knoblauchzehe
Salz

seafood

FLOOKA

Das Flooka mit seiner luftigen, zweistöckigen Holzterrasse und Blick aufs Meer ist eine der beliebtesten Adressen unter Einheimischen und eine gute Gelegenheit, die arabische Küche kennenzulernen. Erfreulich und für Dubai sehr ungewöhnlich ist auch die schlichte Einrichtung mit einfachen Holztischen. Umgeben von arabischen Scheichs, feinen Damen und Großfamilien, alle mit dampfend duftenden Schischas an den Tischen, wirkt die Badekulisse des Marine Beach Resorts auf der Wiese zum Meer leider etwas unpassend. Wir empfehlen deshalb, mittags oben auf der Terrasse zu sitzen oder am Abend einen Tisch zu reservieren, denn dann sind die Badegäste auf ihren Zimmern.
Hinter arabischer Fischküche verbergen sich erstaunlich fein gewürzte Vorspeisen und Reisgerichte, die bei uns weitgehend noch unbekannt sind. Das Fisch Shawarma, eine Vorspeise aus kleinen marinierten Fischfilets mit Pinienkernen in einer köstlichen Sauce aus Zitrone und Gewürzen, bleibt ein unvergessliches Highlight und wird von einem cremig-delikaten Fischrisotto, dem Sayadieh, mit Nüssen und Rosinen, abgelöst. Wir wissen sofort, warum es so beliebt ist und die meisten um uns herum es ebenfalls bestellt haben. Ganze Fische, mit Namen Sultan Ibrahim, werden als Hauptgang im Salzmantel gegart oder gegrillt. Sie können Ihren Sultan Ibrahim schon am Eingang begutachten und auswählen.

Flooka Adresse: Dubai Marine Beach Resort & Spa, Dubai – Jumeirah
Tel: 00971 (0)4 3461111 Email: flooka.restaurant@gmail.com
Öffnungszeiten: Sonntag – Donnerstag 12.00 – 15.30 Uhr und 19.30 – 23.45 Uhr,
Freitag und Samstag 19.30 – 23.45 Uhr

☞ The Lime Tree Café

Das Lime Tree Café ist bei allen Expats ein beliebter Zufluchtsort, denn es ist ein Café, wie man es aus Los Angeles kennt und mit vielen Sünden bestückt, wobei ganz oben der Carrot Cake steht. Um ihn zu besiegen, braucht es eine vierköpfige Familie, aber es lohnt sich. Am besten, Sie begeben sich gleich oben auf die Terrasse, von wo aus man auf die Jumeirah Beach Road schaut. Weil es sich dort gut eine Weile aushalten lässt, kommen viele mittags her, um kleine Besprechungen abzuhalten oder in Ruhe und bei einem guten Kaffee die Zeitung zu lesen.

Adresse: Jumeirah Beach Road neben der Battuta Mall
schräg gegenüber dem Dubai Marine Beach Resort, Dubai – Jumeirah
Tel: 00971 (0)4 3498498, Internet: www.thelimetreecafe.com
Öffnungszeiten: Täglich 7.30 – 18.00 Uhr

ZHENG HE'S

ZHENG HE'S

Auf der Terrasse die stadtberühmten Wasabi Prawns mit einem kühlen Weißwein zu genießen und dabei auf den Burj Arab zu schauen, ist eine feine Art, Dubais Architekturfantasien unter bestmöglichen Bedingungen zu begegnen. Das Restaurant gehört zum Luxushotel Mina A'Salam Jumeirah, welches dem Madinat Jumeirah angeschlossen ist, einer Anlage, die einer kleinen nostalgischen Stadt nachempfunden und von Wasserstraßen durchzogen ist. Boote schaukeln vorbei, Palmen wiegen im Hintergrund, und versteckt blitzt das Meer hervor. Bei Einheimischen wie bei Expats ist das Zheng He's beliebt und gilt mit Recht als das beste chinesische Restaurant in Dubai, verfeinert mit internationalem Touch. Das Ambiente strahlt den Glanz des alten Chinas aus und erinnert an die Zeiten von Zheng He's, einem berühmten chinesischen Seefahrer, der im 15. Jahrhundert die Welt umsegelte und dem Restaurant seinen Namen gab. Verlassen Sie es nicht, ohne die erwähnten Wasabi Prawns oder auch das Pepper Beef probiert zu haben. Beides ist auf den Punkt zubereitet und unvergesslich gut.

Zheng He's Adresse: Mina A'Salam, Al Sufouh Road, Madinat Jumeirah
Tel: 00971 (0)4 3668888 Email: mjinfo@jumeirah.com
Öffnungszeiten: Täglich 12.00 – 14.30 Uhr und 19.00 – 23.30 Uhr

☞ Pai Thai

Wer sich im Madinat Jumeirah wohlfühlt und nach Abwechslung sucht, sollte ins Pai Thai gehen. Man könnte es als das thailändische Pendant zum Zheng He's bezeichnen. Entsprechend ist das Interieur mit dunklen Hölzern, wertvollen Stoffen und Antiquitäten an die alten feudalen Zeiten Thailands angelehnt. Die Küche hat einen sehr guten Ruf, und es ist auch hier immer ratsam, rechtzeitig zu reservieren.

Adresse: Im Mina A'Salam, Al Sufouh Road, Madinat Jumeirah
Tel: 00971 (0)4 3668888
Öffnungszeiten: Täglich 12.00 – 2.00 Uhr

Wasabi Prawns

8 Personen

Alle Zutaten für die Mangosauce ganz fein geschnitten zu einer Sauce verrühren. Anschließend alle Zutaten für die Wasabi-Mayonnaise in einem Mixer pürieren.

In einem Wok das Frittieröl erhitzen. Die Scampis in der Kartoffelstärke wälzen und in dem heißen Öl 1–2 Minuten kurz frittieren.

Anschließend die frittierten Scampis in der Wasabi-Mayonnaise wälzen und mit der Mangosauce anrichten.

Für die Mangosauce:
15 g grüne Paprika
15 g rote Chili
15 g rote Zwiebel
300 g frische Mango
10 g Zitronensaft

Für die Wasabi-Mayonnaise:
50 g flüssiger Zucker
45 g Kodensmilch
30 g Wasabipaste
25 g Zitronensaft
250 g Wasabipuder
ein Hauch Mayonnaise
Salz

450 g Scampis (16/20 Stück)
ohne Schale
Öl zum Frittieren
200 g Kartoffelstärke
Salz und Pfeffer

كافيتريا
AL MALLAH

AL MALLAH

Shawarmas sind eine arabische Spezialität und werden auf einem Spieß am offenen Feuer zart gegrillt, umhüllt von einem warmen Fladenbrot. Al Mallah, da sind sich alle einig, macht die besten Shawarmas in der Stadt. Der Klassiker dazu ist ein köstlich abgeschmeckter Salat aus Petersilie, Tomate, Zwiebel, einzigartigen Gewürzen und viel Zitronensaft. Hummus, Pizza- und Fladenbrot werden unaufgefordert dazu gereicht.

Meistens ist jeder Platz besetzt. Was kann aber auch netter sein, als in einer lauen Sommernacht auf der Straße kleine Köstlichkeiten zu essen und den Einheimischen dabei beim Flanieren zuzusehen? Die flinken Mitarbeiter hantieren geschickt und unermüdlich am Grill und an dem offenen Ofen, der zur Straße ausgerichtet ist und die Stimmung noch anheizt. Ob Arbeiter, Scheich oder Tourist, alle sitzen auf den einfachen Plastikstühlen zusammen und genießen zufrieden das zarte Lamm- und Hühnerfleisch vom Drehspieß. Ein Erlebnis, das in Dubai selten ist, denn in der Regel sitzen die Touristen und Araber in den Hotelrestaurants. Ein weiteres Highlight sind die Fladenbrote mit Käse und der Special Fruit Cocktail, ein üppiger Obstteller mit Nüssen. Mittags geht es eindeutig ruhiger zu, dann werden noch keine Shawarmas angeboten, dafür aber gegrillte Spieße mit Hackfleisch, Lamm und Huhn.

Al Mallah Adresse: Al Diyafah Street hinter dem Satwa Roundabout
Tel: 00971 (0)4 3984723 Öffnungszeiten: Täglich 7.00 – 4.00 Uhr
Shawarmas ab 17.00 Uhr

☞ Pars

Das Pars ist eine gute Alternative zum Al Mallah. Hier sitzen Sie in einem provisorisch geschützten Gärtchen an der Straße unweit des Satwa Kreisels und genießen Shawarmas und eine große Auswahl an zartem Fleisch vom Grill. Besonders kuschelig sind die von Hecken geschützten und mit Teppichen überzogenen Holzplateaus, auf denen plaudernde Familien bei frischem Tabouleh und zahlreichen Vorspeisen um flache Tische herum knien. Die Atmosphäre ist authentisch, denn nur wenige Touristen finden hierher.

Pars Adresse: Am Satwa-Kreisel, Al Dhiyafa Road, Tel: 00971 (0)4 3989222
Öffnungszeiten: Täglich 19.00 – 1.00 Uhr
Deira Pars Adresse: Al Wuheida Road, Tel: 00971 (0)4 2968990
Öffnungszeiten: Täglich 19.00 – 1.00 Uhr

XVA GALLERY

XVA Gallery ist eine Oase in der urbanen Wüste Dubais. Ein Zufluchtsort, versteckt in einer Gasse des Bastakiya-Viertels, das einst iranischen Handelsfamilien aus Bastak gehörte. Es war damals das vornehmste Viertel der Stadt, verziert mit Korallensteinen, die sich nur wenige leisten konnten. Vor mehr als zehn Jahren witterten die Scheichs in dem kleinen Juwel Potenzial und ließen die Ruinen des Viertels wieder aufbauen. 2003 konnte die Amerikanerin Mona Hauser dort ein Haus erwerben und eröffnete im verwinkelten Anwesen mit lauschigem Innenhof und begehbaren Terrassen eine Galerie mit integriertem, vegetarischem Café und Guest House.
Mutig, denn so etwas gab es in der Welt der glänzenden Superlative noch nicht. Und das Konzept ging auf. Heute pilgern zahlreiche Reisende auf der schwierigen Suche nach der alten Seele Dubais zu diesem Ort der Ruhe und finden Authentizität, Kultur und die Magie der Einfachheit. Erst einmal angekommen, möchte man gar nicht mehr weg, deshalb nehmen Sie sich Zeit, oder beziehen Sie gleich eines der schönen Zimmer. Besuchen Sie das Café, empfehlen wir zum Lunch das Magaloumi Sandwich, den Hummus und Dubais beste „Fresh Mint Lemonade".

XVA Gallery Adresse: Al Fahidi Roundabout hinter dem Bastia Art Cafe, Bastakiya Tel: 00971 (0)4 3535383 Email: xva@xvagallery.com
Internet: www.xvagallery.com
Öffnungszeiten: Samstag – Donnerstag 9.00 – 19.00 Uhr, Freitag 10.00 – 17.00 Uhr

☞ Guest House

In der XVA Gallery ist das Guest House für all diejenigen, die keine Lust auf moderne Hochhäuser haben, die beste Adresse zum Wohnen in der Stadt. Doch man muss rechtzeitig reservieren, denn gerade in der Hauptsaison und zur Kunstmesse im März ist es schnell ausgebucht. Die Zimmer sind mit alten Möbeln und schönen Stoffen im marokkanischen Stil gestaltet. Im Winter ist es ein idealer Ort und guter Ausgangspunkt für Aktivitäten. Im Hochsommer haben die Hightech-Hotels mit Pool sicher auch Vorteile. Mit dem hauseigenen Dhow (Creek Boat) können Sie auch eine Fahrt buchen.

Internet: www.xvahotel.com, Tel: 00971 (0)4 3535383
Preise: DZ von 130 bis 150 Euro inkl. Frühstück

☞ Schneiderei

Zu der XVA Gallery gehört auch eine Schneiderei. Am besten, Sie bringen Ihren Lieblingskaftan, Ihr Lieblingshemd oder -kleid mit und lassen den Schnitt abnehmen, da kann am wenigsten schiefgehen. Auf dem Textilmarkt und in einem kleinen Stoffladen auf der gegenüberliegenden Seite des Viertels finden Sie traumhafte Stoffe (bei Rosie noch einmal nachfragen). Einfache Kleidungsstücke fertigt die Schneiderin an einem Tag. Die kleine Boutique „suce“ am Eingang zeigt junges arabisches Design.

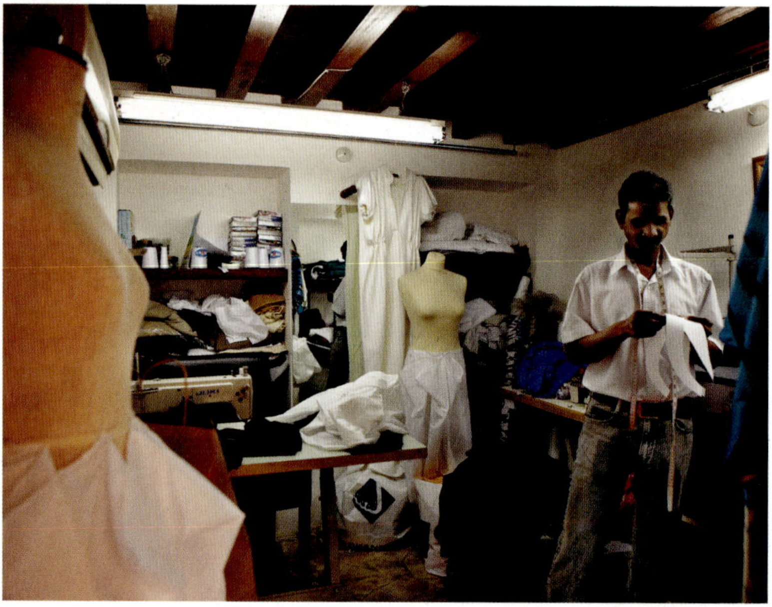

Ein Gespräch mit Rosie Hayes

Galeriedirektorin der XVA Gallery

Sie gehörten zu den Pionieren der Dubaier Kunstszene. Wie hat alles angefangen?

Mit gerade mal drei Galerien. Mehr gab es 2003 in Dubai nicht. Erst 2006, nachdem die ersten Auktionshäuser nach Dubai kamen und die Biennale erstmals stattfand, zogen weitere Galerien nach. In den letzen Jahren hat sich das Industrieviertel Al Quoz für Galerien und Künstler einen Namen gemacht.

Welchen Schwerpunkt hat die XVA Gallery?

Wir vertreten international bekannte Künstler aus dem Mittleren Osten. Halim Al Karim, ein Künstler aus dem Irak, stellt auch bei der Saatchi Gallery in London aus. Es finden regelmäßig Ausstellungseröffnungen statt, die in Dubai sehr beliebt und gut besucht sind.

Wer sind Ihre bekanntesten Künstler?

Neben Halim Al Karim auch Saghan Adam aus Syrien und Parviz Taravoli aus dem Iran, aber wir fördern zudem noch junge unbekanntere Künstler.

Was hat die Kunstbiennale Dubai Art für die Kunstszene bewegt?

Fast 20 Galerien stellen zur Zeit der Biennale hier in Bastakiya aus, und das hat eine ganz neue Atmosphäre geschaffen. Langsam entsteht ein Austausch zwischen den Galerien, den es vorher nicht gab. Vorher machte jeder sein Ding. Aber gemeinsam kann man sich viel besser auf dem Kunstmarkt etablieren.

BAHRI BAR

Wer an eine Bar in Dubai denkt, der sieht sich vom obersten Stock eines Hochhauses auf die futuristische Skyline schauen. Die Bahri Bar ist genau das Gegenteil. Kolonialistisch anmutend, erinnert sie eher an laue Sommernächte, die man in Asien verbracht hat. Auf der großen Terrasse mit Blick auf Palmen und Burj Arab in der Abenddämmerung ist man gleich wunderbar entspannt und möchte sich von Cocktail zu Cocktail hangeln und gar nicht mehr aufstehen, so angenehm ist ein Abend hier. Wir empfehlen wärmstens die Cocktails auf Fruchtbasis, besonders die ohne Alkohol.
Die Bar punktet bei idealen Temperaturen mit ihrer Terrasse, zu später Stunde werden auch die „Skyline Bars" wieder interessant.
Die Bahri Bar gehört zum Mina A'Salam Jumeirah Hotel und ist ein idealer Abschluss nach einem Besuch in dem chinesischen Restaurant Zheng He's.

Bahri Bar Adresse: Im Mina A'Salam, Al Sufouh Road, Madinat Jumeirah
Tel: 00971 (0)4 3668888 Email: mjinfo@jumeirah.com
Öffnungszeiten: Täglich 12.00 – 2.00 Uhr

☞ Wir empfehlen

Tommy's Margarita: Agave Sirup mit Lime Juice und Don Julio Reposado Tequila

Bahri.com: Absolut Vodka mit Johannisbeeraroma, Erdbeer- und Cranberrysaft

Magic Noir: dunkler Rum mit einem Schuss Espresso und Kardamom

Jai: Ananassaft mit Kardamom, einem Schuss Jose Cuervo Tequila und Lime Juice.

Dazu ein Käseteller mit Weintrauben, Walnüssen und Crackern oder der klassische Bahri Burger.

SPICE SOUK

Schon nach der ersten Shopping Mall packt so manchen Reisenden die Sehnsucht nach einem quirligen arabischen Markt, wo man in winzigen Läden und zwischen prallen Gewürzsäcken geheimnisvolle Tinkturen, Weihrauch, Safran und Datteln finden kann. Der Spice Souk, auch Old Souk genannt, ist eine letzte Bastion der Geburtswiege Dubais, die sich mit den Anfängen der Perlenfischerei um den Creek angesiedelt hat. Heute trotzen die letzten Kaffee- und Gewürzläden inmitten des Alu- und Plastikkrams den Haushaltsläden der rasanten Entwicklung der Stadt. Der Markt ist leicht zu erreichen, denn er liegt unweit des Flusses am Anfang des Gassengewirrs des alten Deira-Viertels. Am besten schippert man mit einem Wassertaxi. Dafür vom Dubai Old Souk einfach eine Station über den Fluss setzen.

Spice Souk Adresse: Zwischen Al Nasr Square und dem Creek in Deira
Öffnungszeiten: Täglich 8.00 – 13.00 Uhr und 16.00 – 21.00 Uhr

☞ Parkhausdach

Zu empfehlen ist, den Einkaufsbummel mit einem Besuch auf dem Dach des großen Parkhauses abzurunden, das direkt zwischen Markt und Fluss liegt. Vom obersten Parkgeschoss hat man einen herrlichen Blick weit über den Creek und über die verschachtelte Altstadt.

Adresse: Baniyas Road gegenüber der Wassertaxi-Anlegestation, ein paar Meter vom Spicemarkt direkt an der Uferstrasse, Dubai – Deira-Al Kayam

55
480.00

☞ WAFI Mall

Wer nach hochwertigen Produkten aus dem Mittleren Osten und nach arabischen Souvenirs Ausschau hält, ist im Souk in der WAFI Mall richtig. „PLO"- Tücher in den Originalfarben Weiß-Rot, aber auch in bester Qualität und in gebrochenen Tönen stapeln sich in edlen Boxen inmitten schwarzer Umhänge und weißer Kaftane. Arabische Sandalen, Parfums und Kordeln, ja einfach alles, was die wohlhabende Familie eines Scheichs braucht, gibt es hier zu kaufen. Trotz Mall-Atmosphäre lohnt es sich, denn der Souk hat einfach gute Produkte, zurückhaltende Verkäufer, und da es wenig Gedrängel gibt, ist ein entspannter Einkauf garantiert.

Adresse: Al-Qataiyat Road, nahe Al-Garhoud Bridge am Burj Dubai Ufer des Creeks
Öffnungszeiten: Samstag – Donnerstag 10.00 – 22.00 Uhr, Freitag 14.00 – 22.00 Uhr

SMART
TRAVELLING

GUT ZU WISSEN

Dubai ist groß, darum ist dieser Infoteil so klein. Hier erfahren Sie nicht alles und jedes, sondern genau das, was Sie für ein perfektes Wochenende brauchen. Wenige, aber genau die richtigen Informationen: Wissenswertes über die Lebensart in Dubai, eine kleine subjektive Auswahl an Sehenswürdigkeiten, Spaziergängen und Tipps für Unternehmungen am Sonntag. Dazu einen Stadtplan mit all unseren Lieblingsadressen, damit Sie nicht lange suchen müssen, sondern gleich anfangen können, Dubai zu genießen.

WICHTIGE VERHALTENSREGELN IN DUBAI

Küssen

Küssen Sie niemanden in der Öffentlichkeit! Gerade ist eine Frau angezeigt worden und muss für vier Wochen ins Gefängnis, weil sie ihren Mann in einem Anfall von Euphorie auf die Wange geküsst hat.

Schleier

Wussten Sie, dass es innerhalb der Herrscherfamilien Dubais keine allgemeine Vorschrift gibt, wie sehr sich die Frauen verschleiern müssen oder ob sie überhaupt einen Schleier zu tragen haben?

Alkohol

In Dubai darf nur in Hotels Alkohol ausgeschenkt werden. Daher sind fast alle Restaurants in Hotels untergebracht, in vielen mindestens drei. Sie sind so populär wie in kaum einer anderen Stadt.

KULTUR

Dubai Museum

Guter Tipp auch für Kinder!

Nur wer die Anfänge Dubais kennt, kann leichter nachvollziehen, warum Dubai heute ist, wie es ist. Wir empfehlen deshalb, gleich am ersten Tag einen Besuch im Dubai Museum.

Das Bedürfnis, den Gästen die Anfänge des kleinen Emirates anschaulich nahe zu bringen, liegt den herrschenden Familien sehr am Herzen.

Das Al-Fahidi Fort aus dem Jahre 1799 und unweit des Creeks gelegen, das als Dubais Wiege gilt, schien dafür die ideale Wahl. Der Weg zur Eröffnung war lang, 1995 waren die letzten Arbeiten zu dem unterirdischen Museum abgeschlossen. Im Innenhof sieht man eine Barasti-Hütte mit den berühmten Windtürmen, die zu den ersten Klimaanlagen der Welt gehören und von den Perlenfischern, den Gründern Dubais, erfunden wurden. Im Keller des Museums kann man den Alltag der Perlenfischer und Scheichs anhand von naturalistischen Bühnenszenen durchlaufen. Das Museum ist aufgeteilt in Bereiche wie Alltag, Religion, Koran und Handel. Darüber hinaus wird die Arbeit der Perlenfischer gezeigt, die Bedeutung der Dhaus (Boote) erläutert und der Alltag in der Wüste. Abschließend gibt es noch einen archäologischen Teil mit Exponaten aus Jumeirah, Hatta und Al Quasis.

Al-Fahidi Straße gegenüber
der Großen Moschee
Tel: 00971 (0)4 3531862
Samstag – Donnerstag 8.30 – 20.30 Uhr,
Freitag 16.00 – 21.00 Uhr

DUBAI MUSEUM

Heritage Haus

Das Heritage Haus wurde 1890 von Mattar bin Saeed bin Muzaaina gebaut und befindet sich im heutigen Deira-Viertel. Es ist unbedingt einen Besuch wert, denn Sie bekommen dort einen schönen Einblick in das Familienleben einer vornehmen arabischen Familie. Mitte der 90er-Jahre restaurierte die Stadtverwaltung unter Anwendung feinster handwerklicher Techniken das knapp 1000 qm große Gebäude, das 2000 neu eröffnet wurde. Das Wohnhaus zeigt die Gästeräume der Männer und Frauen, abgelegene, private Gemächer sowie die Küche und die Terrassentreffpunkte der Familie. Im Innenhof werden beliebte arabische Spiele dargestellt. Ähnlich wie im Dubai Museum wird der Alltag durch nachgestellte Szenen gut veranschaulicht.

Al Ahmadiya Straße, nahe Gold Souk
Tel: 00971 (0)4 2260286
Samstag – Donnerstag 8.00 – 19.30 Uhr,
Freitag 14.30 – 19.30 Uhr

Al Ahmadiya Schule

Sie ist die älteste und bekannteste Schule für Jungen in Dubai und befindet sich direkt hinter dem Heritage Haus mitten im Souk von Deira. Unterrichtet wurde dort einst neben der Koranlehre Kalligrafie, Mathematik, Astronomie und arabische Literatur. Kinder aus wohlhabenden Kaufmannsfamillien mussten Schulgeld bezahlen, für die Armen war sie umsonst. In Verbindung mit einem Besuch im Heritage Haus ist es schön, einmal hindurchzuschlendern und einen kurzen Einblick in die Schulbildung im Sinne des Korans zu bekommen.

Al Ahmadiya Straße, nahe Gold Souk
Tel: 00971 (0)4 2260286
Samstag – Donnerstag 8.00 – 19.30 Uhr,
Freitag 14.30 – 19.30 Uhr

Jumeirah Moschee

Die Jumeirah Moschee muss jeder gesehen haben. Sie ist auch die einzige Moschee, die „Nichtmuslime“ besuchen dürfen. Zur Verständigung von Muslimen und Nichtmuslimen führen Helfer des Sheikh Mohammed Center für kulturelle Begegnungen die Besucher durch das reich verzierte und wunderschön beleuchtete Kuppelgebäude und ermöglichen tiefe Einblicke in die islamische Religion. Fragen sind jederzeit willkommen, und eine Reservierung vom Hotel aus wird empfohlen, da die Führungen immer größeren Anklang finden. Beine, Arme und Rücken müssen bedeckt sein, Frauen benötigen zudem ein Kopftuch.

Jumeirah Road
Tel: 00971 (0)4 3536666
Donnerstag und Sonntag 10.00 Uhr

In der Wüste Ski fahren

... eine absurde Idee und gerade deshalb umso reizvoller. In der Mall of Emirates ist das möglich. Auf einer Fläche, so groß wie drei Fußballfelder, können Sie auf fünf 400 Meter langen und nach Schwierigkeitsgraden unterschiedenen Pisten in die Tiefe sausen. Sessellifte befördern Sie wieder hoch. Die Temperaturen liegen bei minus zwei Grad, nachts wird die Temperatur auf minus sieben Grad heruntergekühlt, um täglich Schnee nachrieseln zu lassen. Wer sich den ganzen Tag Zeit nehmen möchte, zahlt 50 Euro, zwei Stunden kosten die Hälfte. Snowboard- und Ski-Ausrüstung werden in jeder Größe gestellt. Zum Après-Ski können Sie in der Schweizer Blockhütte St. Moritz am knisternden Kamin einen Glühwein trinken.

Ski Dubai – in der Mall of Emirates
Sheikh Zayed Road, Interchange 4
Tel: 00971 (0)4 4094000
Täglich 10.00 – 23.00 Uhr

POLITIK

Dubai gilt als das zweitreichste Land der sieben Emirate. Das reichste ist Abu Dhabi, wo angeblich noch Ölreserven für mehr als 25 Jahre schlummern. Dubais Vorkommen schätzt man auf fünf Jahre. Daher ist Abu Dhabi auch immer das Land, welches bei finanziellen Engpässen die anderen Emirate unterstützt. Wie es kürzlich beim Dubai Tower notwendig wurde, deshalb die spontane Umbenennung auf den Namen des Herrschers Abu Dhabis.
Wahlen gibt es nicht. Gesetze werden in einem Obersten Rat gemeinsam beschlossen. Jedes Emirat wird von einer Herrscherfamilie regiert, Dubai von der Familie Maktoum, die sehr beliebt ist. Jede Familie, die innerhalb ihresgleichen heiratet, bekommt zur Hochzeit ein Haus und Geld vom Staat als Aussteuer.
In Dubai leben 85 Prozent Ausländer (60 Prozent aus Nordindien und Pakistan), die einen Großteil der öffentlichen Arbeit übernehmen. Die Scheichs sind vor allem im Handel tätig.

DAS VIERTEL BASTAKIYA

Galerien und Cafés:

Art Fair
Die Kunstmesse findet jedes Jahr Mitte März in der Madinat Arena statt und zeigt 70 Galerien aus 30 Ländern. 2007 öffnete die Kunstmesse erstmalig ihre Tore und hat sich heute fest in der Wüstenmetropole etabliert.

www.artdubai.ae

Bastakiya
Das wunderschön renovierte Altstadt-Viertel Bastakiya mit seinen lehmfarbenen Häusern ist ein einmaliges Juwel und erfüllt Sehnsüchte nach dem alten Dubai und nach Authentizität. Es wurde von iranischen Handelsfamilien erbaut, die durch Perlen- und Textilhandel wohlhabend wurden und ihr Geld in die mit Korallensteinelementen fein verzierten Häuser investierten und in Windtürme, die als Klimaanlagen dienten. Heute ist das Viertel ein Magnet für die Kunstszene, es gibt einige Galerien und persönliche Guest Houses. Die XVA Gallery mit Café, das Orient Guest House (im

vorderen Teil beschrieben) und das Basta Art Café am Eingang des Viertels sind die attraktivsten Anlaufpunkte.

Basta Art Café
Tel: 00971 (0)4 3535071
Täglich 8.00 – 22.00 Uhr

XVA Gallery
Tel: 00971 (0)4 3535383
Samstag – Donnerstag 9.00 – 19.00 Uhr,
Freitag 10.00 – 17.00 Uhr
www.xvagallery.com

Orient Guest House
Tel: 00971 (0)4 3519111
www.orientguesthouse.com

XVA Gallery mit Café und Orient Guest House – siehe vorderer Teil.

GALERIEN IN QUOZ

shelter

Shelter Café

Das Shelter Café ist in seiner Art in Dubai noch einzigartig. Mit seinem wunderschönen Arbeitsbereich und einem kleinen Concept Store, untergebracht in einem ehemaligen alten Lagerhaus und abseits der Konsumwelten Dubais, zeigt es ein neues Lebensgefühl der Stadt. Kulturelle Diskussionen und Workshops mit kreativen Geistern der westlichen und arabischen Welt finden hier statt, aber es ist auch ein schöner Ort, um in Ruhe zu arbeiten und sich dabei mit köstlichen Kuchen, Säften und Sandwiches zu versorgen. Hier fühlt man sich wohl, kann sich über Dubais kulturelle Entwicklung informieren und eine neue Vision der Stadt erleben.

318th Road
Dubai – Al Quoz
Tel: 00971 (0)4 44345655
Samstag – Donnerstag 7.30 – 21.00 Uhr,
Freitag geschlossen
www.shelter.ae

B21 Gallery

In der Galerie, die in einer ehemaligen Lagerhalle zu Hause ist, stellt hauptsächlich der Künstler Jeffar Khaldi aus Palästina seine Arbeiten aus. Da es vorkommt, dass die Galerie immer mal wieder wegen Umbaus geschlossen ist, sollten Sie vor einem Besuch unbedingt anrufen.

Al Quoz 3
Tel 00971 (0)4 3403965
www.b21gallery.com

The Third Line Gallery
Für das außergewöhnliche Programm der The Third Line Gallery zeichnen sich Sunny Rahbar und Claudia Cellini verantwortlich. Mit ihrer zeitgenössischen Kunst möchten sie mit alten Traditionen brechen und Künstler aus dem Mittleren Osten vorstellen, die mutige Ansätze verfolgen. Zu ihrem Programm gehören digitale Kunst von Frauen aus den Emiraten und Fotoausstellungen iranischer Künstlerinnen.

Zayed Road, Kreuzung 3, Al Quoz
Tel 00971 (0)4 3411367
Samstag – Donnerstag 11.00 – 20.00 Uhr,
Freitag 16.00 – 20.00 Uhr
www.thethirdline.com

ARCHITEKTUR

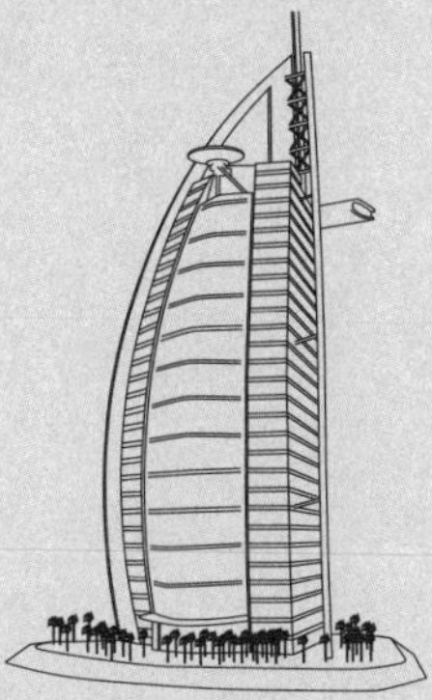

Burj Al Arab
Ende 2009 feierte das Luxushotel Burj Al Arab seinen zehnten Geburtstag und bleibt trotz neuer Konkurrenz vom Dubai Tower eines der Wahrzeichen der Metropole. Mit 321 Metern Höhe hat das segelartige Gebäude, das auf einer künstlichen Insel steht, immer noch eine immense Anziehungskraft. 202 doppelstöckige Suiten verstecken sich in dem Turm, und 1500 Mitarbeiter sind damit beschäftigt, sich um das Wohl der Gäste zu kümmern. Auf dem hauseigenen Helikopterlandeplatz wurden schon spektakuläre Tennisturniere der Weltklasse ausgetragen, und in der herausragenden Bar können Sie für 1500 US Dollar den teuersten Cocktail der Welt trinken. Superlative, die Besucher faszinieren. Über das Interieurdesign kann man sich wundern und streiten, doch es steht für Dubai wie Disney für Amerika. Ein Besuch zum Afternoon Tea im ersten Stock oder zum Brunch in der transparenten Restaurant-Bar auf der 27. Eta-

ge ist kostspielig, aber eine Erfahrung für alle, die das wahre Dubai-Feeling der kitschigen Superlative suchen.

Jumeirah Road, Umm Suqeim
Tel: 00971 (0)4 3017000
www.burj-al-arab.com

Palm Jumeirah

Palm Jumeirah ist das achte der neuen Weltwunder und wird als dieses auch schon vermarktet. Nach und nach ziehen die Bewohner an die 100 Kilometer lange Küste der künstlichen Palmeninsel, Anfang 2010 wohnten schon mehr als 14.000 Menschen dort. Ziel ist, die „Palme" zu einem einzigartigen Urlaubsort zu machen, den man am besten gar nicht mehr verlassen will. 35 Hotels sind in Planung, aber erst einmal sind viele Projekte gestoppt worden, nur das 2008 eröffnete Atlantis Hotel ragt, am nördlichen Rand der Palme gelegen, jedem schon vom Festland entgegen. Ein Besuch im Atlantis lohnt sich auch deshalb, weil man dort den für Dubai so typischen Interieur-Stil bestaunen kann. Ein Aquarium mit gigantischen Ausmaßen zieht sich an der gesamten Außenwand entlang, wo die Besucher sich staunend treffen. Bei wem sich schnell eine leichte Klaustrophobie einstellen sollte, dem sei die Bar am Meer für einen Drink empfohlen.

Aus den Wohnblöcken springen dynamische Geschäftsmänner in Joggingoutfits, ähnlich wie in dem Film „Die Truman Show". Nach und nach sollen sich noch Geschäfte und mehr Freizeit- und Strandangebote ansiedeln, damit für einen Traumurlaub kein Wunsch mehr offenbleibt. Nur Authentizität wird man nicht finden, aber dafür fährt man ja auch nicht nach Dubai.

Der Bau der Palme

Einige Fakten: Um die Basis der Palme zu bauen, mussten 100 Kubikmeter Felsmaterial herangeschafft werden. Das ist so enorm viel, dass man damit eine 1 x 1 Meter breite wie hohe Mauer bauen könnte, die gleich zweimal um die Welt führt. Das Material kam teilweise mit Schiffen aus dem Iran, der feine Sand für die Strände wurde mit Rohren aus dem Meer angesaugt. Durch ein spezielles Verfahren soll er mit Nährstoffen angereichert werden, damit sich Fische ansiedeln, die Küste für Taucher interessant wird und das ökologische Gleichgewicht nicht allzu sehr ins Wanken gerät. Die mangelnde natürliche Zirkulation und die damit verbundenen Gerüche werden durch eingelassene Öffnungen in den Wellenbrechern, die sich um die Insel herumziehen, behoben. Die Kosten für den Rohbau der Insel betragen nach Schätzungen 1,5 Milliarden US-Dollar.

AUSBLICKE

Bar 44

In der 44. Etage des Grosvenor Hotels befindet sich die klassisch gediegene Bar mit einem wunderbaren Blick auf die Skyline Dubais, der fast nirgendwo seinesgleichen findet. Bekannt ist die Bar für ihr großes Champagner-Sortiment. Das Publikum ist etabliert und die Bar bei Geschäftsleuten beliebt.

Grosvenor Hotel
West Marina Beach/Le Méridien
Jumeirah
Tel: 00971 (0)4 3998888
Täglich 18.00 – 2.00 Uhr
www.grosvenorhouse.lemeridien.com

Dubai Tower

Der Burj Dubai, der heute Burj Khalifa Bin Zayed heißt, ist mit 800 Metern das höchste Gebäude der Welt. Wer ganz hoch hinaus will, sollte sich rechtzeitig ein Ticket für die Aussichtsplattform des „At The Top, Burj Dubai" im 124. Stockwerk entweder in der Dubai Mall vor Ort oder online über die Website www.burjdubai.com kaufen. Hier finden Sie auch detaillierte Informationen sowie die Öffnungszeiten. In Burj Khalifa Bin Zayed wurde der Turm quasi über Nacht umbenannt und trägt jetzt den Namen des Herrschers von Abu Dhabi. Vielleicht hat dieser die Rechnungen während der Dubai-Krise bezahlt und die Namensgebung war das Dankeschön.
Der Entwurf erinnert an eine ehemalige Skizze von Frank Lloyd Wright aus dem Jahre 1956, die der Chicagoer Architekt Adrain Smith offensichtlich als Inspiration herangezogen hat. Die Kosten des Turmes liegen bei 1,8 Milliarden Dollar. Im Erdgeschoss befindet sich das luxuriöse Armani Hotel.
Der Besuch auf dem Aussichtsdeck dauert eine Stunde.

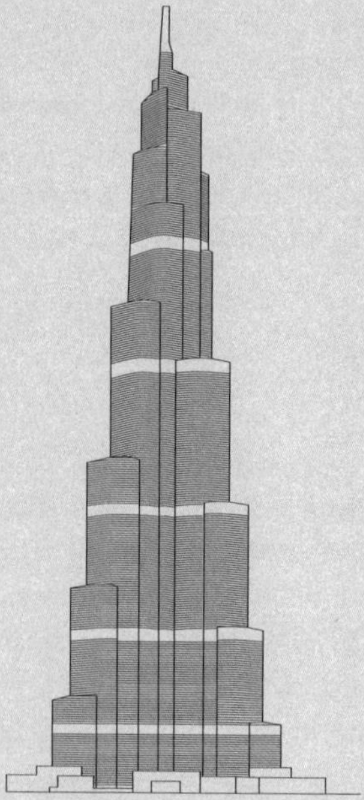

Unbedingt reservieren, dann beträgt der Eintrittspreis 100 Dirham/20 Euro, Kinder 75 Dirham/15 Euro.
Ein spontaner Besuch kostet 400 Dirham/80 Euro! (auch für Kinder).

Dubai Mall
Financial Center Road
Tel: 00971 (0)4 8888124
Sonntag – Mittwoch 10.00 – 22.00 Uhr,
Donnerstag – Samstag 10.00 – 24.00 Uhr
ticket@atthetop.ae
www.burjkhalifa.ae

Die Parkgarage

Von der Parkgarage im obersten Geschoss erstreckt sich in mehrere Richtungen ein schöner Blick über den Creek mit seinen Handelsschiffen und über die Altstadt Al Ras und Al Kayam. Ein Besuch in Verbindung mit dem Spice Bazar lohnt sich auf jeden Fall. Einfach das Treppenhaus suchen und hochgehen.

Baniyas Road gegenüber der Anlegestation des Wassertaxis, ein paar Meter vom Spice-Markt entfernt direkt an der Uferstraße
Dubai – Deira – Al Kayam

SHOPPING

Shoppingfestival
15. Januar – 15. Februar jedes Jahr

Das Shoppingfestival zieht jedes Jahr Millionen Besucher an. Die Geschäfte locken mit Luxusschnäppchen und Preisen, die um 20 bis 70 Prozent reduziert sind. Eingerahmt wird das Ganze von einem großen Spektakel. Modeschauen, Feuerwerke und Verlosungen von Prestigeobjekten wie Autos oder kostbare Teppiche heizen die Stimmung zusätzlich an.

Shopping Malls

In Dubai gibt es die meisten und die größten Shopping Malls der Welt. Kein Wunder, denn Shoppen ist die Lieblingsbeschäftigung der Scheichs und vieler Dubai-Touristen. Es gibt 20 große Malls. Um eine Essenz zu bilden, haben wir die wichtigsten fünf Malls für Sie zusammengestellt.

Dubai Mall

Die Dubai Mall ist mit 2000 Geschäften die größte Mall der Stadt. Sie ist auch die Mall, die wegen des spektakulären Springbrunnens mit seinen abendlichen Wasserspielen und dem Dubai Tower einen Besuch wert ist. Hier hat sich jedes Label, das in der Welt einen Namen hat, niedergelassen – sogar der berühmte Bäcker Kayzer hat hier seine Filiale. Die Mall erstreckt sich über eine Fläche, so groß wie 50 Fußballfelder, angeschlossen ist das größte Aquarium Dubais mit einem gigantischen Glastunnel und 33.000 Seetieren, 400 davon sind Haie.

Financial Center Road
Tel: 00971 (0)4 4373200
www.thedubaimall.com
Sonntag – Mittwoch 10.00 – 22.00 Uhr,
Donnerstag 10.00 – 24.00 Uhr

Mall of Emirates

Das aufragende Rohr der Skipiste sieht man schon von Weitem, wenn man, noch Kilometer entfernt, mit dem Taxi auf die Mall zufährt. Es ist absurd und gerade deshalb so verlockend, einfach mal ein paar Stunden mitten in Dubai Ski zu laufen. Das Souvenir Nr. 1 ist die Skimütze mit dem Logo „Mall of Emirates Dubai". Zum Einkaufen ist die Mall of Emirates eine der beliebtesten und vor allem am Wochenende immer hoffnungslos überfüllt. Alle Designer sind hier vertreten samt Outlets. Auf dem obersten Level befinden sich die exklusivsten Marken sowie das britische Harvey Nichols Kaufhaus, ganz unten sind Deliläden und ein großer Supermarkt. Im Hause befinden sich Kinos und Restaurants zum Entspannen zwischendurch, und wer es aushält, könnte hier einen ganzen Tag verbringen.

Läden: u. a. Gallery One, Buchladen Kinokuniya (deutsche Bücher), Virgin Megastore, Goldenpoint (Sport), Praisas (Bademode), Osh Kosh B'gosh, Tape à l'Oeil, Yves Saint Laurent, Benetton, H&M, Reiss, Rage (Skateboards), Accessorize, Areej (neueste Designer), Zara Home.

Interchange 4
Sheikh Zayed Road
Tel: 00971 (0)4 4099000
Sonntag – Mittwoch
10.00 – 22.00 Uhr,
Donnerstag – Samstag
10.00 – 24.00 Uhr
www. malloftheemirates.com

Souk Madinat Jumeirah
Wer von den mehrstöckigen Hochglanz-Malls genug hat, dem sei diese Shoppingoase empfohlen. Sie ist eine Art moderner arabischer Souk mit vielen kleineren Geschäften, die Accessoires, Schmuck, Kissen und arabisches wie westliches Handwerk anbieten. Vereinzelt finden sich auch hier kleine Luxusspots wie das exklusive Kinderlabel Bonpoint. Angenehm ist die Nähe zu vielen anspruchsvollen Restaurants, darunter das Zheng He's, das Pai Thai und das Magnolia, ein vegetarisches Restaurant mit hohem Anspruch.

Al Sufouh Road
Tel: 00971 (0)4 3666546
Täglich 10.00 – 22.00 Uhr
www.madinatjumeirah.com

Ibn Battuta Mall
Diese Mall trägt den Namen des arabischen Entdeckungsreisenden Ibn Battuta. Seiner Vita folgend hat man die Mall in architektonische Themen aufgeteilt, die Länder wie Ägypten, Tunesien, Indien, China und Spanien aufgreifen. In dem Haus befindet sich auch das große Apple Centre (China Court) und eine Filiale des britischen Kaufhauses Debenhams.

Interchange 5 und 6
Sheikh Zayed Road
Tel: 00971 (0)4 3621900
Sonntag – Mittwoch
10.00 – 22.00 Uhr,
Donnerstag – Samstag
10.00 – 24.00 Uhr
www.ibnbattutamall.com

Wafi City Mall
Wie im vorderen Teil beschrieben, gibt es hier orientalisches Handwerk auf hohem Niveau und authentische

arabische Kleidung. Aber auch europäische Designer Labels haben sich hier niedergelassen.
Geschäfte: unter anderem Bahrain-Brillenladen, Wafi Gourmet, Paul (Bäckerei aus Paris), Chanel, I Pinco Pallino.

Souk Wafi (siehe vorderer Teil)
Al Qataiyat Road
Tel: 00971 (0)4 3244555
Samstag – Donnerstag
10.00 – 22.00 Uhr,
Freitag 14.00 – 22.00 Uhr
www.wafi.com

SOUKS UND MÄRKTE

Spice Souk
Ein kleiner überschaubarer Gewürzmarkt, auf dem man auch arabische Kosmetik und Tinkturen kaufen kann. Infos dazu im vorderen Teil.

Zwischen Al Nasr Square
und dem Creek in Deira
Samstag – Donnerstag 8.00 – 13.00 Uhr
und 16.00 – 21.00 Uhr,
Freitag 16.00 – 22.00 Uhr

Fish Market
Auf dem Fischmarkt in Deira fliegen die Schuppen. Überall steht das Wasser, und pakistanische Männer in blauen Outfits bearbeiten und verladen Haie, Schwertfische, Rochen und Thunfische. Es ist kein Ort, um seine neuesten Sommersandaletten auszuführen, aber sicher ein lebendiger Kontrast zu den aseptischen Shopping Malls.

Gegenüber dem
Hyatt Regency Dubai in Deira
Täglich 6.30 – 12.30 Uhr
und 17.00 – 22.00 Uhr

Wafi Mall (siehe Seite 87)

DELI TOUR – BEST OF DELI IN DUBAI

Paratha (Fladenbrote) und Puris
(frittierte Fladenbrote)
Um die köstlichen Parathas, croissantartige Fladenbrote mit unterschiedlichen Saucen, genießen zu können, muss man in Dubai nicht bis nach

Indien reisen. Im Bombay Chowpatty sind Sie schon mittendrin. Dazu gibt es erfrischende Desserts aus Safransahne und Culfi (indisches Eis) mit gehackten Pistazien.

Bombay Chowpatty
Dubai – Karama
Tel: 00971 (0)4 3964937
Täglich 8.00 – 24.00 Uhr

Indische Biriyanis und Currys

In einfacher und sehr authentischer, pakistanischer Atmosphäre gibt es hier die beliebtesten Currys, Biriyanis und Kabas für wenig Geld und ohne Andrang von Touristen.

Calicut Paragon, Malabar Küche
Gegenüber dem Lulu Center
und dem Karama Park
Dubai – Karama
Tel: 00971 (0)4 3358700
www.paragonrestaurant.net.in

Kebab

Jeder kennt und liebt das Ravi – vom Taxifahrer bis zum Hotelpagen, was auch die ungewöhnlichen Öffnungszeiten erklärt. Hier gibt es gute pakistanische Hausmannskost, die Preise sind unglaublich niedrig, und gegessen wird an Neon-beleuchteten Tischen entlang der Straße.

Ravi
Satwa Road (Al Dhiyafa Rd)
Nr Rydges Plaza
Tel: 00971 (0)4 3315353
Sonntag – Donnerstag 5.00 – 3.00 Uhr, Freitag 1.30 – 15.00 Uhr,
Samstag 6.00 – 3.00 Uhr

Quesadillas

Man kann diesen Taco Shop nicht mit den Tex-Mex-Ketten vergleichen. Zum Glück, denn hier kommt hausgemachte mexikanische Küche auf den Tisch.

Wer Quesadillas und Tacos liebt, ist hier richtig, bloß auf Corona und Margaritas muss man verzichten, denn Alkohol darf nicht ausgeschenkt werden.

Maria Bonita's Taco Shop
Umm Al Sheif Street
Dubai – Umm Suqeim
Tel: 00971 (0)4 3955576
Täglich 7.30 – 20.00 Uhr

Manakish – arabische Pizza mit Käse

Die arabische Antwort auf Pizza: ein dicker Pizzabrotfladen mit arabischem Käse. Dazu gibt es jede Menge Küchlein und viele salzige und süße Snacks.

Al Reef Lebanese Bakery
Dubai Karama Zabeel Road
(neben dem Karama Post Office)
Tel: 00971 (0)4 3961980

Gegenüber dem Safa Park
Dubai – Jumeirah
Tel: 00971 (0)4 3945200

Dubai – Al Karama
Tel: 00971 (0)4 3968999
Täglich 24 Stunden geöffnet

Datteln

Bateel bietet über 20 unterschiedliche Sorten Datteln an, die auf den eigenen Farmen in Al-Ghat geerntet wurden. Die bekanntesten sind Naboot Seif, Sokari, Kholas, Sekki und Khidri. Wenn die Datteln im September/ Oktober reif sind, werden sie handverlesen, getrocknet und manche von ihnen mit Nüssen oder mit Schokolade veredelt. Im Herbst können Sie auch frische Datteln probieren.
Bateel ist eindeutig die erste Adresse für einen Einkauf dieser vitaminreichen und süßen Powerfrucht, die auch immer ein ideales Mitbringsel für die Lieben daheim ist. Bateel ist in vielen Shopping Malls vertreten und hat auch am Flughafen eine Filiale.

Bateel
The Dubai Mall
Shop 092-1, Erdgeschoss
Tel: 00971 (0)4 3399819
www.bateel.ae

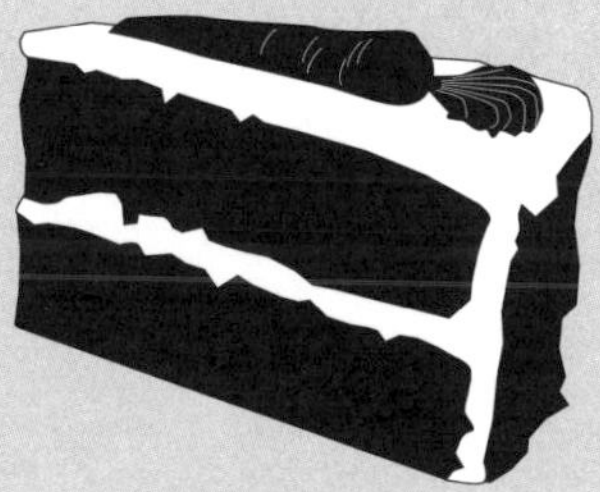

Carrot Cake

Die Expats sind sich einig: Im Lime Tree Café gibt es den besten Carrot Cake der Stadt, und dazu ist es ein angenehmer Ort, um sich in Ruhe zu treffen, Zeitung zu lesen oder einfach nur ausgedehnt zu frühstücken.

Lime Tree Café
Jumeirah Beach Road
Höhe Marina Resort
Dubai – Jumeirah
Tel: 00971 (0)4 3498498

In der Ibn Battuta Mall – China Court
Tel: 00971 (0)4 3498498
Täglich von 7.30 – 18.00 Uhr
www.thelimetreecafe.com

Smoothies

Probieren Sie den „Thubahain Saft" aus Mango, Avocado und Erdbeere, einen echten Energieschub für den beginnenden Tag.
Am besten von Bayt Al Wakeel, Al Kabeer, eine Station mit dem Dauh übersetzen. Der Kiosk mit Tischen befindet sich direkt an der Station Al Buteen.

Al Abra Cafeteria
Tel: 00971 (0)4 222958

Egg Benedict

Das Café ist etwas zu sehr im „Shopping Mall Style" gehalten, dennoch sind die Eggs Benedict hier besonders gut, und man findet Filialen überall in der Stadt.

More Café
Sheikh Zayed Road
Gold & Diamond Park
Tel: 00971 (0)4 3234350
Täglich 7.00 – 23.00 Uhr
www.morecafe.biz

FREITAGS-BRUNCH

In Dubai ist der Freitags-Brunch Kult und mit dem sonntags in New York vergleichbar. Nur dass in Dubai der Freitag unser Sonntag ist, denn an diesem Tag haben fast alle Angestellten frei. Nahezu jedes Hotel bietet einen Brunch an.

Al Qasr

Der Award Winner 2009 von Time Out und das zu Recht, denn viele Inspirationen kommen auch vom Verre, ebenfalls im Haus, welches unter der Leitung von Gordon Ramsay steht. Vom Wagyu Rind, der Gänseleberpastete über Austern und selbst gebackenem Brot gibt es alles, was einen Gourmet glücklich macht.

Al Sufouh Road
Tel: 00971 (0)4 3668888
Täglich 12.30 – 16.00 Uhr
www.madinatjumeirah.com

Glasshouse Mediterranean Brasserie

Sehr beliebt bei allen Einheimischen und Zugereisten wegen der anspruchsvollen Küche und der ungezwungenen Brasserie-Atmosphäre.

Baniyas Road
Hilton Dubai Creek
Tel: 00971 (0)4 2271111
Täglich 12.30 – 16.30 Uhr
www.hilton.com

Thai Kitchen Park Hyatt Dubai
Ein gutes Thai-Buffet mit der Möglichkeit, auch draußen zu sitzen.

Tel: 00971 (0)4 6021234
Täglich 12.30 – 16.00 Uhr
www.dubai.park.hyatt.com

Zuma
Ein hochanspruchsvoller japanischer Brunch im stylischen Ambiente.

Financial Center Dubai
Zwischen der Sheikh Zayed Road und der 312th Road
Tel: 00971 (0)4 425 5660
Täglich 12.30 – 16.00 Uhr

SHISHA-CAFÉS

Shisharauchen gehört in Dubai einfach dazu. Man kann das im Al Manzil, im Flooka Restaurant und an vielen anderen Orten tun. Apfel gehört zu den beliebtesten Sorten. Eine Runde am Abend ist ein schönes Ritual und mal eine Abwechslung zum Absacker. Das Kan Zaman und der Souk Madinat Jumeirah sind die schönsten Orte, eine Shisha zu genießen.

Kan Zaman
Heritage & Diving Village
Al Shindagha – Bur Dubai
Tel: 00971 (0)4 3939914

Souk Madinat Jumeirah
Central Plaza – Souk Madinat Jumeirah
Al Sufouh Road
Tel: 00971 (0)4 3668888

AKTIVITÄTEN

Dubai Creek
Die schönste Möglichkeit, den Creek zu erkunden, ist ein Wassertaxi zu chartern und sich einmal hoch- und wieder runterschippern zu lassen. Am besten, Sie starten am Old Souk und verhandeln die Fahrt vor Ort. Eine Tour kostet um die 50 Dirham/10 Euro. Auf jeden Fall im Schnitt ein Drittel des Preises herunterhandeln,

das ist die übliche Regel, die auch auf den Märkten gilt.

Open-Air-Kino

Oben auf dem Dach der Wafi Mall befindet sich ein Open-Air-Kino, das auch ein englischsprachiges Filmprogramm zeigt. Man sitzt auf textilen Bohnensäcken und unter sternklarem Himmel. Es herrscht eine nette Stimmung, wenige Touristen verirren sich hierher. Am besten, im Hotel nach dem Programm fragen. Der Eintritt ist frei!

Wafi Rooftop Gardens
Wafi City – Oud Metha
Tel: 00971 (0)4 3244100
Oktober – Mai

Strand

Die schönsten Strände in Dubai sind der am Jumeirah Beach Park, der Strand vom Jumeirah Beach Hotel und der Umm Suqeim Beach. Der Mamzar Beach liegt am Khor Al Mamzar, einem Meeresarm, und ist etwa sechs Kilometer vom Zentrum entfernt.

Golfkurs

Von den mehr als fünf Golfplätzen wurden drei von dem amerikanischen Stararchitekten Karl Litten entworfen. Sie werden mit 18 Löchern den höchsten Ansprüchen gerecht, doch auch für Anfänger bietet Dubai die Gelegenheit, den Golfsport einmal auszuprobieren.
Einer der ältesten und schönsten Plätze ist der des Dubai Creek Golf und Yacht Clubs, der, wie der Name schon sagt, direkt am Fluss liegt. Das Restaurant eröffnet Wartenden und Spielern nach einer erfolgreichen Tour einen schönen Blick auf Dubai. Das Clubhaus ist einem traditionellen Dhow nachempfunden. Die Anlage verfügt auch über einen Swimmingpool.

Tel: 00971 (0)4 2956000
www.dubaigolf.com

Pferderennen

In Dubai findet im März das mit 15 Millionen Dollar höchstdotierte Pferderennen der Welt statt. Etwas traditioneller geht es bei dem Emirates Champions Cup zu. Das Rennen führt 130 Kilometer durch heißen Wüstensand.

Aquarium & Unterwasserzoo

Das Aquarium in Dubai wartet natürlich mit Superlativen wie dem größten Sichtfenster eines Aquariumbeckens auf, mit 33.000 Seetieren, mit Sand-Tigerhaien, einem Unterwasser-Zoo und einem schulpädagogischen Programm, das über die Ozeane und deren Lebensräume informiert.

Darüber hinaus werden auch Touren in Booten mit Glasboden angeboten und Tauchgänge inmitten von Haien.

Dubai Mall
Tel: 00971 (0)4 3627500
Sonntag – Mittwoch
10.00 – 22.00 Uhr,
Donnerstag – Samstag
10.00 – 24.00 Uhr
www.thedubaimall.com

AUSFLÜGE

Moonlight Sonata

Eine Dinner-Mondscheintour auf dem Creek in einem traditionellen Holzboot.
Täglich am Abend – 300 Dirham/ 60 Euro

Arabian Adventures
Tel: 00971 (0)4 3034888
www.arabian.adventures.com
Start am Emirates Holidays Building, Ausfahrt Nr 2, Sheikh Zayed Road

WÜSTENTOUR

Eine Wüstentour gehört in Dubai einfach dazu. Was gibt es auch Schöneres als einen Sonnenuntergang in der Wüste, der langsam in eine sternklare Nacht übergeht. Auch deshalb ist eine Übernachtung zu empfehlen.
Die Touren, die in die Wüste führen, unterscheiden sich kaum. Sie starten alle am Nachmittag mit einer 4-wheel-Car-Tour durch die Dünen. Im Anschluss können Sie an einer kleinen Kameltour teilnehmen oder mit dem Surfboard versuchen, die Dünen hinunterzusliden. Doch seien Sie gewarnt, Sie werden den Sand überall an und in Ihrem Körper wiederfinden.

Das Dinner besteht aus arabischen Vorspeisen mit Barbecue, zum Nachtisch gibt es Bauchtanz und ein paar tiefe Züge aus der Shisha. Dann geht es wieder zurück in die Stadt. Bei Bedarf können Sie eine Nacht unter freiem Himmel mitbuchen.

Arabian Adventures
Bieten zwölf verschiedene Safari-Touren an und noch viele andere interessante Ausflüge und Touren.

Tel: 00971 (0)4 3034888
www.arabian.adventures.com
Start am Emirates Holidays Building, Ausfahrt Nr 2, Sheikh Zayed Road

Sundowner: 330 Dirham (65 Euro) pro Person, Kinder 295 Dirham (58 Euro)
Starlight Express mit Übernachtung: 450 Dirham (90 Euro) von Oktober bis Ende Mai
Just For You – nur ein Paar: 750 Dirham (150 Euro) pro Person, ein Abend
Nur auf Anfrage

Net Tours & Travel

Tel: 00971 (0)4 2668661
www.nettoursdubai.com
Start am Al Bakhit Centre, Abu Baker al-Siddiq Road, Hor al-Anz

Overnight Safari: 425 Dirham (85 Euro) pro Person, Kinder 330 Dirham (65 Euro)
15.30 – 12.30 Uhr am nächsten Tag

Half Day Tour: 275 Dirham (55 Euro), Kinder 200 Dirham (40 Euro)
16.00 – 22.30 Uhr

PERSÖNLICHKEITEN

Mohammed bin Raschid Al Maktum
Geboren wurde Mohammed 1949 als drittältester von vier Söhnen des beliebten Scheichs Raschid bin Said al Maktum. Von 1990 bis zu seinem Tod war der älteste Bruder Maktum Oberhaupt der Familie und übergab die Stadtentwicklung und die Wirtschaft seinem Bruder Mohammed. Der machte Dubai innerhalb weniger Jahre zu einer glänzenden Wirtschaftsmetropole und einer

der meistbesuchten Touristenattraktionen im Mittleren Osten. Seit einigen Jahren ist der beliebte Scheich Mohammed das Staatsoberhaupt Dubais. Er gehört mit 14 Milliarden Euro Vermögen zu den reichsten Männern der Welt, hat zwei Frauen und 16 Kinder.

BUCH

Michael Schindhelm: Dubai Speed – Eine Erfahrung, dtv premium Verlag
Ein Tagebuch, das der Autor in seiner Zeit als Kulturbeauftragter geschrieben hat. Arabische Visionen und der ungebremste Wille, auch Kultur für viel Geld einzukaufen, prallen auf seine europäische Sichtweise. Ein interessantes Buch, um die internen Strukturen Dubais zu verstehen und all die Menschen, die sich auf der Suche nach Geld und Glück dort tummeln.

WIE ES LEICHTER GEHT

Obwohl Taxifahren günstig ist, braucht es seine Zeit, Dubai zu durchqueren, da die Stadt sehr weitläufig ist. Deshalb empfehlen wir, sich die Sehenswürdigkeiten tageweise einzuteilen:

1. Creek, das Deira Viertel + Al Souk-Al Kabeer + Wafi Mall
2. Jumeirah 1 + Old Town (Dubai Mall + Dubai Tower)
3. Madinat Jumeirah, The Palm Jumeirah, Al Quoz , Mall of Emirates

SPA

Der Wellness-Trend ist auch in Dubai deutlich spürbar. Gerade aus den Luxushotels sind die erstklassigen Spas mit Wohlfühlatmosphäre nicht mehr wegzudenken. Besonders charakteristisch für Dubais Wellness-Tempel ist die hohe Serviceorientierung, die hervorragende Qualität zu vergleichsweise niedrigen Preisen bietet und sich auch in der großen Auswahl an Anwendungen widerspiegelt. Von Aroma- und Lichttherapien über Massagen aller Art bis hin zu Gesichts- und Körperbehandlungen inklusive Mani- und Pediküre wird alles angeboten, um dem Gast zu seiner verdienten Entspannung zu verhelfen. Je nach Spa stehen zusätzlich diverse Körperpeelings und Body Wraps auf dem Programm. Saunen, Whirlpools und Dampfbäder sind ebenfalls in den meisten der Spas zu finden.

WICHTIGE INFORMATIONEN

Tourist Office:
gibt es so in Dubai nicht – Informationen erhalten Sie in Hotels

City-Websites:
www.dubaicityguide.com
www.dubai-eating.com
www.dubai-report.de

Telefonieren:
VAE: 00971, Dubai-Stadt: 04

Transport Flughafen:
nur mit dem Taxi;
kostet 4,40 Euro extra und etwa 10 Euro insgesamt

Taxiruf:
00971 (0)4 2080808
6 Stunden – 66 Euro

Stadtmagazine:
Time Out Dubai

MEIN PERFEKTES WOCHENENDE

Freitag:

Samstag:

Sonntag:

NOTIZEN

NOTIZEN

NOTIZEN

NOTIZEN

NOTIZEN

NOTIZEN

NOTIZEN

LUST AUF DAS WELTWEIT BESTE?

Die Buchreihe „Ein perfektes Wochenende in ..." wird vom Online-Cityguide www.smart-travelling.net herausgegeben. Hier finden Sie viele weitere ungewöhnliche Adressen für über 30 Städte weltweit. Tipps für Shops, Galerien, Hotels, Restaurants und Cafés – individuell und sorgfältig recherchiert. Denn Smart Travelling zeigt nicht alles und jedes, sondern sucht nach dem Authentischen und Besonderen, nach Orten, die das Flair einer Stadt ausmachen und uns immer wieder empfangen wie ein guter Freund.

Schauen Sie unter www.smart-travelling.net vorbei: Schmökern Sie in unserer Travel Lounge wie in einem guten Magazin, klicken Sie sich durch unseren kulinarischen Best-of-Blog, und freuen Sie sich mit unseren ausgesuchten Städtetipps von Antwerpen über Rom bis San Francisco auf Ihre nächste Reise.

www.smart-travelling.net